Maria Teresa Marsico
Professora graduada em Letras pela Universidade Federal do Rio de Janeiro (UFRJ) e em Pedagogia pela Sociedade Unificada de Ensino Superior Augusto Motta. Atuou por mais de trinta anos como professora de Educação Infantil e Ensino Fundamental das redes municipal e particular no município do Rio de Janeiro.

Armando Coelho de Carvalho Neto
Atua desde 1981 com alunos e professores das redes oficial e particular de ensino do Rio de Janeiro. Desenvolve pesquisas e estudos sobre metodologias e teorias modernas de aprendizado. É autor de obras didáticas para Ensino Fundamental e Educação Infantil desde 1993.

editora scipione

editora scipione

Diretoria de conteúdo e inovação pedagógica
Mário Ghio Júnior
Diretoria editorial
Lidiane Vivaldini Olo
Gerência editorial
Luiz Tonolli
Editoria de Anos Iniciais
Tatiany Telles Renó
Edição
Tatiany Telles Renó
Arte
Ricardo de Gan Braga (superv.),
Andréa Dellamagna (coord. de criação),
Gláucia Correa Koller (progr. visual de capa e miolo),
Elen Coppini Camioto (editora de arte) e
Christine Getschko (assist. de arte)
Revisão
Hélia de Jesus Gonsaga (ger.),
Rosângela Muricy (coord.), Heloísa Schiavo (prep.),
Gabriela Macedo de Andrade, Luís Maurício Boa Nova,
Vanessa de Paula Santos e Brenda Morais (estag.)
Iconografia
Sílvio Kligin (superv.), Tamires Reis Castillo (pesquisa),
César Wolf e Fernanda Crevin (tratamento de imagem)
Ilustrações
ArtefatoZ (capa), Juan Carlos Federico (aberturas),
Ilustra Cartoon, Mario Pita, MW Ilustrações
e Alexandre Matos

Direitos desta edição cedidos à Editora Scipione S.A.
Avenida das Nações Unidas, 7221, 3º andar, Setor D
Pinheiros – São Paulo – SP – CEP 05425-902
Tel.: 4003-3061
www.scipione.com.br / atendimento@scipione.com.br

2020
ISBN 978 85 262 9624 4 (AL)
ISBN 978 85 262 9623 7 (PR)
Cód. da obra CL 738967
CAE 541 665 (AL) / 541 647 (PR)
5ª edição
10ª impressão

Impressão e acabamento
Bercrom Gráfica e Editora

Dados Internacionais de Catalogação na Publicação (CIP)
(Câmara Brasileira do Livro, SP, Brasil)

Marsico, Maria Teresa
 Marcha criança : educação infantil : linguagem /
Maria Teresa Marsico, Armando Coelho de Carvalho
Neto. – – 5. ed. – – São Paulo : Scipione, 2015. – –
(Coleção marcha criança)

 Obra em 3 v.

 1. Educação infantil 2. Linguagem (Educação
infantil) I. Carvalho Neto, Armando Coelho de.
II. Título. III. Série.

15-02803   CDD-372.21

Índice para catálogo sistemático:

1. Linguagem : Educação infantil   372.21

PREPARAMOS ESTE LIVRO COM MUITO CARINHO ESPECIALMENTE PARA VOCÊ. ELE ESTÁ REPLETO DE SITUAÇÕES E ATIVIDADES MOTIVADORAS, QUE CERTAMENTE DESPERTARÃO SEU INTERESSE E LHE PROPORCIONARÃO MUITAS DESCOBERTAS. ESPERAMOS QUE COM ELE VOCÊ ENCONTRE SATISFAÇÃO NO CONSTANTE DESAFIO DE APRENDER!

OS AUTORES

Os textos sem referência são de autoria de Maria Teresa Marsico e Armando Coelho.

CONHEÇA SEU LIVRO

COM A COLEÇÃO **MARCHA CRIANÇA** VOCÊ APRENDE BRINCANDO!

RODA DE CONVERSA

EM CADA INÍCIO DE UNIDADE, VOCÊ SERÁ CONVIDADO A TROCAR EXPERIÊNCIAS, CONVERSANDO COM SEUS COLEGAS SOBRE ASSUNTOS VARIADOS.

O TEMA É...

ESTA SEÇÃO VAI FAZER VOCÊ REFLETIR E COMPREENDER MELHOR O MUNDO EM QUE VIVEMOS.

MATERIAL DE APOIO E ADESIVOS

NO FINAL DO LIVRO, VOCÊ ENCONTRARÁ MATERIAIS PARA REALIZAR ALGUMAS ATIVIDADES DE MANEIRA DIVERTIDA.

ÍCONES

AO LONGO DO LIVRO VOCÊ VAI ENCONTRAR OS ÍCONES A SEGUIR, QUE DÃO DICAS SOBRE AS ATIVIDADES.

ADESIVO   EXPRESSÃO ORAL

COLAGEM   LEITURA

FAZENDO ARTE

ESTA SEÇÃO TRAZ PROPOSTAS DE ATIVIDADES ARTÍSTICAS, ÓTIMAS PARA DESENVOLVER A CRIATIVIDADE.

HORA DA HISTÓRIA

NESTA SEÇÃO, A LEITURA DE HISTÓRIAS SE TORNARÁ AINDA MAIS INTERESSANTE.

ALMANAQUE DAS LETRAS + LIVRO DE LEITURA

CADA VOLUME É ACOMPANHADO POR UM ALMANAQUE DAS LETRAS E UM LIVRO DE LEITURA.
NO *SITE* WWW.MARCHACRIANCA.COM.BR VOCÊ PODE OUVIR A CONTAÇÃO DESSAS HISTÓRIAS E TAMBÉM ALGUMAS CANTIGAS.

CONFECÇÃO   PERCEPÇÃO VISUAL

DESENHO   PINTURA

EXPRESSÃO CORPORAL   TRAÇADO

HORA DE BRINCAR

NESTA SEÇÃO, VOCÊ VAI SE DIVERTIR COM JOGOS, BRINCADEIRAS E PASSATEMPOS MUITO INTERESSANTES!

SUGESTÕES PARA O ALUNO

NESTAS PÁGINAS, INDICAÇÕES DE LIVROS, CDs E DVDs PARA COMPLEMENTAR OS TEMAS ESTUDADOS.

SUMÁRIO

UNIDADE 1: VIAGEM PELO MUNDO ENCANTADO ... 5
- **RODA DE CONVERSA** ... 6
- BRINCANDO E APRENDENDO COM A LEBRE E A TARTARUGA ... 7
- **FAZENDO ARTE** ... 10
  - CONFECÇÃO DE TARTARUGA ... 10
  - CONFECÇÃO DE LEBRE ... 11
- **HORA DE BRINCAR** ... 12
  - SEU MESTRE MANDOU ... 12
- **O TEMA É... RECICLAGEM!** ... 15
- BRINCANDO E APRENDENDO COM CHAPEUZINHO VERMELHO ... 17
- BRINCANDO E APRENDENDO COM OUTROS PERSONAGENS ... 23
- **HORA DE BRINCAR** ... 27
  - MESTRE ANDRÉ ... 27
- **HORA DA HISTÓRIA** ... 29
  - A LEBRE E A TARTARUGA ... 29

UNIDADE 2: BRINCANDO NO SÍTIO ... 31
- **RODA DE CONVERSA** ... 32
- BRINCANDO E APRENDENDO COM OS ANIMAIS ... 33
- **HORA DE BRINCAR** ... 37
  - SÍTIO DO SEU LOBATO ... 37
- BRINCANDO E APRENDENDO COM AS FLORES ... 45
- **FAZENDO ARTE** ... 46
  - GIRASSÓIS DE VAN GOGH ... 46
- **O TEMA É... PRESERVAÇÃO!** ... 52
- **HORA DA HISTÓRIA** ... 55
  - A MENINA DO LEITE ... 55

UNIDADE 3: BRINCANDO NA ESCOLA ... 57
- **RODA DE CONVERSA** ... 58
- BRINCANDO E APRENDENDO COM LETRAS DO SEU NOME ... 59
- BRINCANDO E APRENDENDO COM LETRAS DE OUTROS NOMES ... 62
- **FAZENDO ARTE** ... 67
  - DEDOS PINTADOS ... 67
- BRINCANDO E APRENDENDO COM PALAVRAS ... 68
- BRINCANDO E APRENDENDO COM VOGAIS ... 73
- **HORA DE BRINCAR** ... 75
  - MODELAGEM COM MASSINHA ... 75
- **O TEMA É... BOAS MANEIRAS!** ... 80
- **HORA DA HISTÓRIA** ... 81
  - PINÓQUIO ... 81

UNIDADE 4: E A BRINCADEIRA CONTINUA! ... 83
- **RODA DE CONVERSA** ... 84
- BRINCANDO E APRENDENDO COM **A, E, I, O, U** ... 85
- **FAZENDO ARTE** ... 89
  - CONFECÇÃO DE SAPO ... 89
- **O TEMA É... HIGIENE É SAÚDE!** ... 90
- BRINCANDO E APRENDENDO COM A VOGAL **A** ... 92
- BRINCANDO E APRENDENDO COM A VOGAL **E** ... 94
- BRINCANDO E APRENDENDO COM A VOGAL **I** ... 96
- BRINCANDO E APRENDENDO COM A VOGAL **O** ... 98
- BRINCANDO E APRENDENDO COM A VOGAL **U** ... 100
- BRINCANDO E APRENDENDO COM O ENCONTRO DAS VOGAIS ... 105
- **HORA DA HISTÓRIA** ... 107
  - A FESTA NO CÉU ... 107

SUGESTÕES PARA O ALUNO ... 109

BIBLIOGRAFIA ... 112

MATERIAL DE APOIO

Ilustrações: Juan Carlos Federico/Arquivo da editora

UNIDADE 1
VIAGEM PELO MUNDO ENCANTADO

RODA DE CONVERSA

BRUNA ESTÁ CONVERSANDO COM OS COLEGAS SOBRE SUAS HISTÓRIAS PREFERIDAS. QUAL É A SUA HISTÓRIA PREFERIDA?

DATA: _____ / _____ / _____

BRINCANDO E APRENDENDO COM A LEBRE E A TARTARUGA

A HISTÓRIA PREFERIDA DE BRUNA É SOBRE A TARTARUGA E A LEBRE QUE APOSTAM UMA CORRIDA. PINTE OS DOIS ANIMAIS.

DATA: ____ / ____ / ____

MUITOS ANIMAIS FORAM ASSISTIR À CORRIDA.
VAMOS BRINCAR DE IMITAR OS SONS QUE ELES FAZIAM ENQUANTO TORCIAM PARA A LEBRE OU PARA A TARTARUGA?

DATA: _____ / _____ / _____

A CORRIDA ACABOU!
RECITE A QUADRINHA E DESCUBRA QUEM GANHOU.

UMA TARTARUGA
VAGAROSA, VAGAROSA
GANHOU A CORRIDA
DA LEBRE PREGUIÇOSA

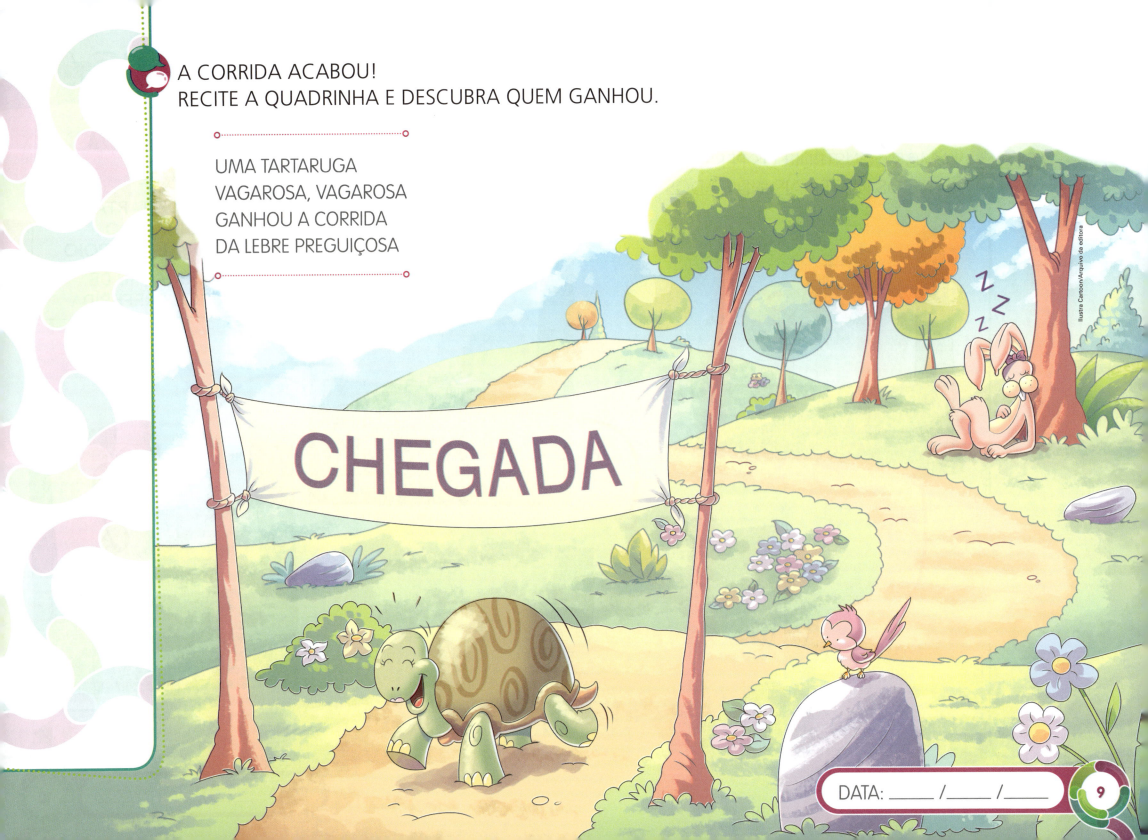

DATA: ____ / ____ / ____

FAZENDO ARTE

TARTARUGA

VAMOS CONSTRUIR OS PERSONAGENS DA HISTÓRIA? JUNTE OS MATERIAIS INDICADOS E USE A SUA CRIATIVIDADE!

MATERIAL NECESSÁRIO:

- GARRAFA PET
- MOLDE DE TARTARUGA DA PÁGINA 3 DO **MATERIAL DE APOIO**
- TINTA GUACHE DE SUA COR PREFERIDA

PEÇA A UM ADULTO QUE CORTE O FUNDO DA GARRAFA PET.

DESTAQUE O MOLDE NO FORMATO DE TARTARUGA DA PÁGINA 3 DO **MATERIAL DE APOIO**.

PINTE-O COM A TINTA GUACHE E DEIXE SECAR.

ESPERE SECAR E COLE O CASCO NA BASE QUE VOCÊ DESTACOU.

DATA: _____ / _____ / _____

LEBRE

MATERIAL NECESSÁRIO:

- COPO DESCARTÁVEL DE PLÁSTICO
- PEÇAS DA PÁGINA 3 DO **MATERIAL DE APOIO**
- PINCEL E TINTA GUACHE BRANCA
- COLA BRANCA

SEPARE O COPINHO DE PLÁSTICO. ELE SERÁ O ROSTO DA LEBRE.

DESTAQUE OS OLHOS, AS ORELHAS E O FOCINHO DA LEBRE, QUE ESTÃO NA PÁGINA 3 DO **MATERIAL DE APOIO**, E COLE-OS NO COPINHO.

PRONTO. SUA LEBRE ESTÁ PRONTA. AGORA É SÓ BRINCAR!

DATA: _____ / _____ / _____

HORA DE BRINCAR

A TURMA DE BRUNA ESTÁ BRINCANDO DE "SEU MESTRE MANDOU". VAMOS BRINCAR TAMBÉM? SIGA AS INSTRUÇÕES DO PROFESSOR.

SEU MESTRE MANDOU PULAR COMO UMA LEBRE!

QUE OUTROS ANIMAIS VOCÊ GOSTARIA DE IMITAR?

DATA: _____ / _____ / _____

AJUDE A TARTARUGA A SE ARRUMAR PARA RECEBER A FAIXA DE CAMPEÃ. PINTE E COLE PEDAÇOS DE PAPEL COLORIDO NO SEU CASCO.

Ilustra Cartoon/Arquivo da editora

DATA: ____ / ____ / ____

O TEMA É... RECICLAGEM!

RECICLAGEM É O REAPROVEITAMENTO DE MATERIAIS.
OS PERSONAGENS QUE VOCÊ CONFECCIONOU NAS PÁGINAS 10 E 11 FORAM FEITOS DE MATERIAIS RECICLÁVEIS.
CONHEÇA OUTROS EXEMPLOS:

Fotos: Sérgio Dotta Jr./Arquivo da editora

DATA: ____/____/____

AGORA IDENTIFIQUE QUAIS FORAM OS MATERIAIS UTILIZADOS NA CONFECÇÃO DO ANIMAL ABAIXO.

Sérgio Dotta Jr./Arquivo da editora

QUE ANIMAL É ESSE?

DATA: ____ /____ /____

BRINCANDO E APRENDENDO COM CHAPEUZINHO VERMELHO

A HISTÓRIA PREFERIDA DE RENATO É AQUELA DE UMA MENINA QUE USA UM CAPUZ VERMELHO. LEVE RENATO ATÉ A PERSONAGEM DESSA HISTÓRIA.

RENATO

BRANCA DE NEVE

CINDERELA

CHAPEUZINHO VERMELHO

DATA: ____ / ____ / ____

VOCÊ CONHECE A HISTÓRIA DA CHAPEUZINHO VERMELHO?
OBSERVE OS QUADRINHOS E CONTE A HISTÓRIA COM OS COLEGAS.

DATA: _____ / _____ / _____

VAMOS CONHECER OS PERSONAGENS DA HISTÓRIA DA CHAPEUZINHO VERMELHO? PINTE OS PERSONAGENS E MARQUE COM UM **X** O SEU PREFERIDO.

☐ **CHAPEUZINHO VERMELHO**

☐ **LOBO MAU**

☐ **VOVÓ**

DEPOIS LEIA COM O PROFESSOR E OS COLEGAS O NOME DE CADA PERSONAGEM.

DATA: _____ / _____ / _____

QUANDO CHAPEUZINHO VERMELHO ENTROU NA FLORESTA, DEU DE CARA COM UM ANIMAL. OBSERVE AS IMAGENS ABAIXO E MARQUE COM UM **X** AQUELA QUE REPRESENTA O ANIMAL QUE A MENINA VIU NA FLORESTA.

 LOBO

 PATO

 GATO

DATA: ____ /____ /____

VOCÊ CONHECE OUTROS ANIMAIS QUE TAMBÉM SÃO PERSONAGENS DE HISTÓRIAS INFANTIS? PROCURE FIGURAS DESSES ANIMAIS, RECORTE-AS E COLE-AS ABAIXO.

DATA: _____ / _____ / _____

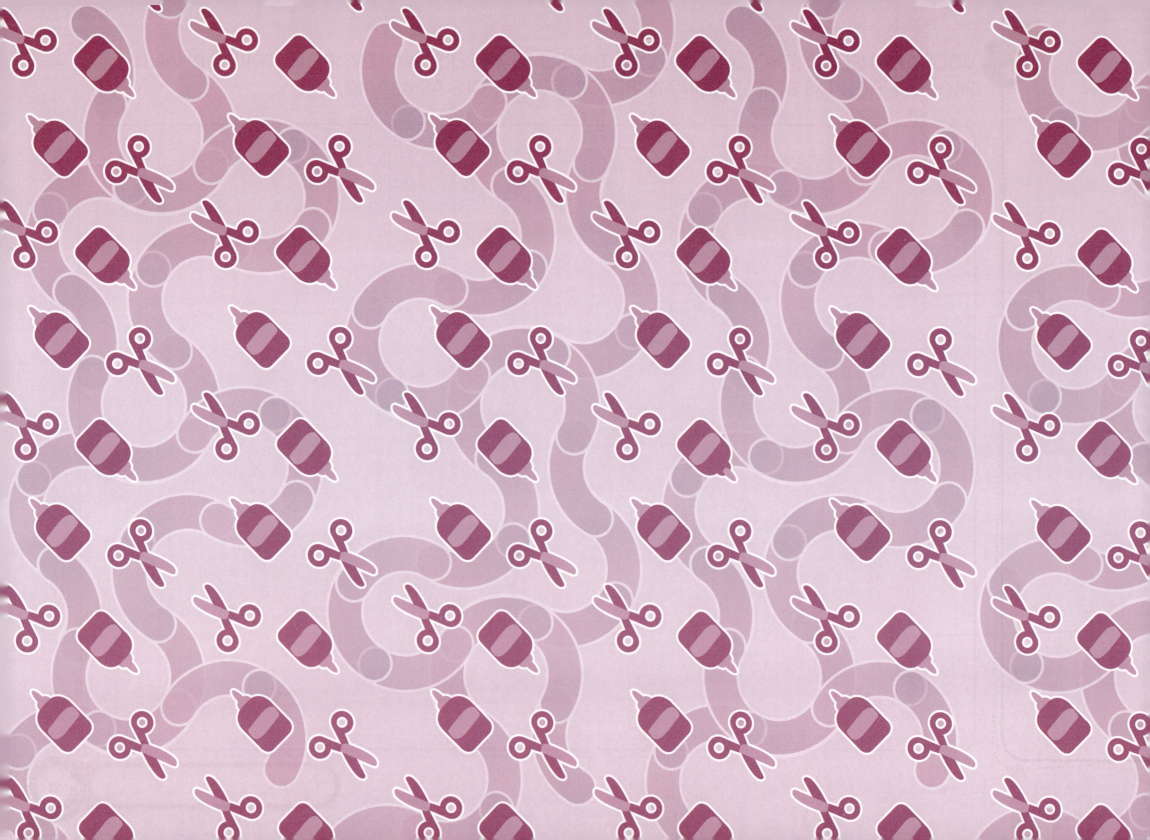

BRINCANDO E APRENDENDO COM OUTROS PERSONAGENS

VEJA OUTRAS HISTÓRIAS QUE OS AMIGOS DE BRUNA E DE RENATO CONTARAM EM SALA DE AULA. VOCÊ CONHECE ESTES PERSONAGENS? CONTE PARA OS COLEGAS!

OS TRÊS PORQUINHOS

A CIGARRA E A FORMIGA

DATA: _____ / _____ / _____

NA HISTÓRIA DOS TRÊS PORQUINHOS, CADA PORQUINHO CONSTRUIU SUA CASA PARA SE PROTEGER DO LOBO.
CUBRA OS PONTILHADOS COM LÁPIS COLORIDO E VEJA OS CAMINHOS QUE O LOBO FEZ.

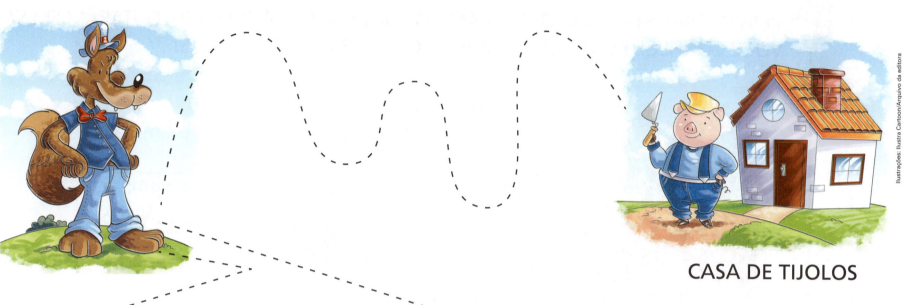

CASA DE TIJOLOS

CASA DE PALHA

CASA DE MADEIRA

DATA: ____/____/____

PINTE OS ESPAÇOS QUE TÊM PONTINHOS E DESCUBRA O INSTRUMENTO MUSICAL QUE A CIGARRA TOCA NA HISTÓRIA **A CIGARRA E A FORMIGA**.

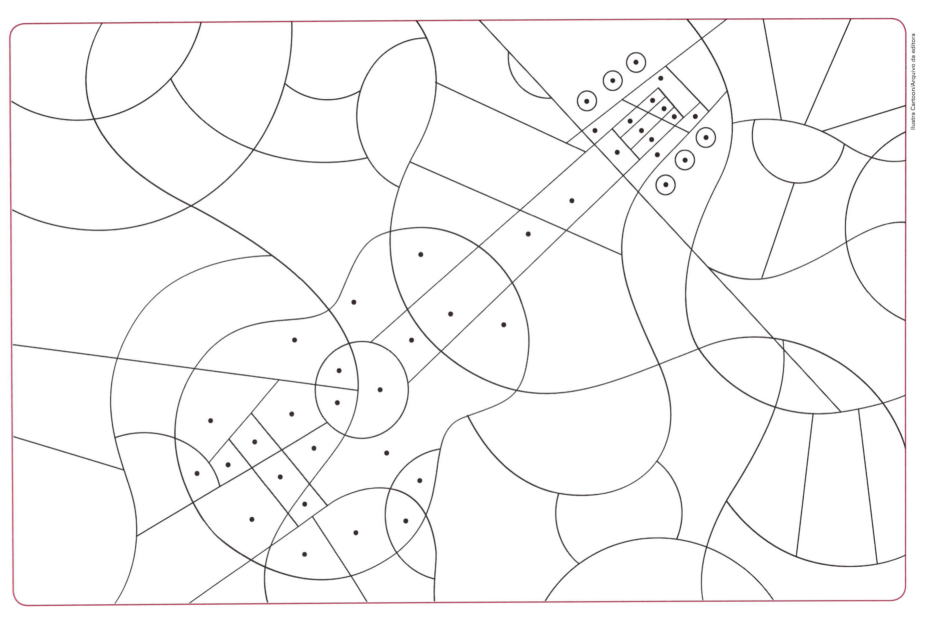

QUE INSTRUMENTO É ESSE?

DATA: ____ / ____ / ____

AGORA TERMINE DE LIGAR OS PONTOS E DESCUBRA O ALIMENTO QUE A FORMIGA JUNTA ENQUANTO A CIGARRA TOCA VIOLÃO. DEPOIS PINTE A FIGURA COMO QUISER.

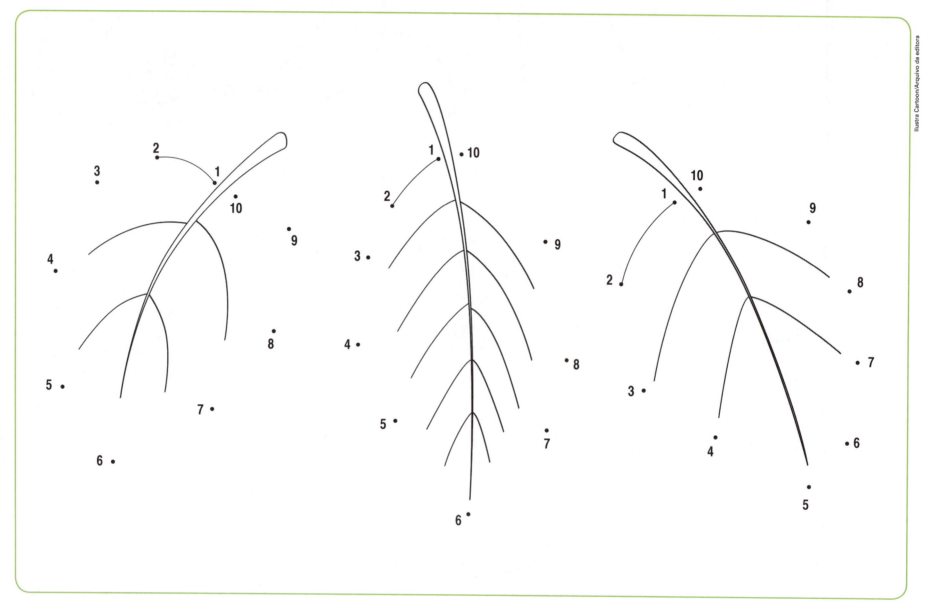

QUE ALIMENTO É ESSE?

DATA: _____ / _____ / _____

HORA DE BRINCAR

VAMOS CANTAR E IMITAR OS SONS DE OUTROS INSTRUMENTOS MUSICAIS?

MESTRE ANDRÉ

FOI NA LOJA DO MESTRE ANDRÉ
QUE EU COMPREI UM PIANINHO
PLIM, PLIM, PLIM, UM PIANINHO

AI OLÉ, AI OLÉ,
FOI NA LOJA DO MESTRE ANDRÉ.

FOI NA LOJA DO MESTRE ANDRÉ
QUE EU COMPREI UM VIOLÃO
DÃO, DÃO, DÃO, UM VIOLÃO
PLIM, PLIM, PLIM, UM PIANINHO,

AI OLÉ, AI OLÉ,
FOI NA LOJA DO MESTRE ANDRÉ.

FOI NA LOJA DO MESTRE ANDRÉ
QUE EU COMPREI UMA FLAUTINHA,
FLÁ, FLÁ, FLÁ UMA FLAUTINHA.
DÃO, DÃO, DÃO, UM VIOLÃO
PLIM, PLIM, PLIM, UM PIANINHO,

AI OLÉ, AI OLÉ,
FOI NA LOJA DO MESTRE ANDRÉ.

CANTIGA POPULAR

DATA: _____ / _____ / _____

CUBRA OS PONTILHADOS E IMITE OS SONS DOS INSTRUMENTOS MUSICAIS.

PLIM, PLIM, PLIM.

DÃO, DÃO, DÃO.

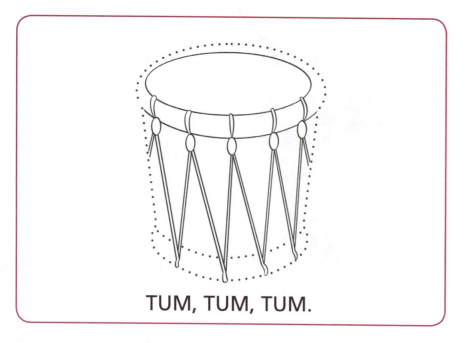

TUM, TUM, TUM.

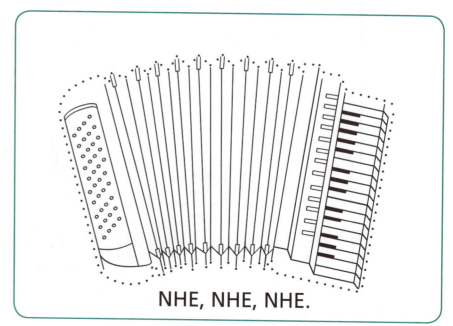

NHE, NHE, NHE.

DATA: ____ / ____ / ____

HORA DA HISTÓRIA

A LEBRE E A TARTARUGA

VAMOS OUVIR A LEITURA DA HISTÓRIA, OBSERVANDO AS ILUSTRAÇÕES?

A LEBRE VIVIA FALANDO QUE ERA O MAIS VELOZ DE TODOS OS ANIMAIS. ATÉ O DIA EM QUE ENCONTROU A TARTARUGA.
– EU TENHO CERTEZA DE QUE, SE APOSTARMOS UMA CORRIDA, SEREI A VENCEDORA – DESAFIOU A TARTARUGA.
A LEBRE CAIU NA GARGALHADA.
– UMA CORRIDA? EU E VOCÊ? ESSA É BOA!
– POR ACASO VOCÊ ESTÁ COM MEDO DE PERDER? – PERGUNTOU A TARTARUGA.
– É MAIS FÁCIL UM LEÃO CACAREJAR DO QUE EU PERDER UMA CORRIDA PARA VOCÊ – RESPONDEU A LEBRE.

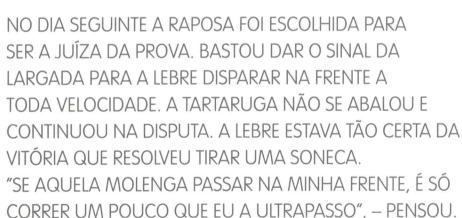

NO DIA SEGUINTE A RAPOSA FOI ESCOLHIDA PARA SER A JUÍZA DA PROVA. BASTOU DAR O SINAL DA LARGADA PARA A LEBRE DISPARAR NA FRENTE A TODA VELOCIDADE. A TARTARUGA NÃO SE ABALOU E CONTINUOU NA DISPUTA. A LEBRE ESTAVA TÃO CERTA DA VITÓRIA QUE RESOLVEU TIRAR UMA SONECA.
"SE AQUELA MOLENGA PASSAR NA MINHA FRENTE, É SÓ CORRER UM POUCO QUE EU A ULTRAPASSO", – PENSOU.

DATA: ____/____/____

A LEBRE DORMIU TANTO QUE NÃO PERCEBEU QUANDO A TARTARUGA, EM SUA MARCHA VAGAROSA E CONSTANTE, PASSOU. QUANDO ACORDOU, CONTINUOU A CORRER COM ARES DE VENCEDORA. MAS, PARA SUA SURPRESA, A TARTARUGA, QUE NÃO DESCANSARA UM SÓ MINUTO, CRUZOU A LINHA DE CHEGADA EM PRIMEIRO LUGAR.

DESSE DIA EM DIANTE, A LEBRE TORNOU-SE O ALVO DAS CHACOTAS DA FLORESTA.

QUANDO DIZIA QUE ERA O ANIMAL MAIS VELOZ, TODOS LEMBRAVAM-NA DE UMA CERTA TARTARUGA...

MORAL DA HISTÓRIA: QUEM SEGUE DEVAGAR E COM CONSTÂNCIA SEMPRE CHEGA NA FRENTE.

FÁBULAS DE ESOPO, DE JEAN DE LA FONTAINE. SÃO PAULO: SCIPIONE, 2004. (TEXTO ADAPTADO POR LÚCIA TULCHINSKI).

DATA: ____ / ____ / ____

UNIDADE 2

BRINCANDO NO SÍTIO

RODA DE CONVERSA

NAS FÉRIAS, A TURMA DE BRUNA ORGANIZOU UMA VISITA AO SÍTIO ARCO-ÍRIS. VOCÊ SABE O QUE PODEMOS ENCONTRAR EM UM SÍTIO?

AGORA VAMOS AO SÍTIO
IA, IA, Ô
VAMOS BRINCAR E APRENDER
IA, IA, Ô

VENHAM COMIGO PARA O SÍTIO
IA, IA, Ô
BRINCAR E CONHECER
IA, IA, Ô

DATA: ____ /____ /____

BRINCANDO E APRENDENDO COM OS ANIMAIS

VOCÊ CONHECE ANIMAIS QUE VIVEM EM SÍTIO? DESENHE-OS NESTA CENA.

NO SÍTIO ARCO-ÍRIS ÀS VEZES APARECEM ABELHAS À PROCURA DE FLORES.
OBSERVE A CENA QUE AS CRIANÇAS VIRAM NO SÍTIO.
COMPLETE O DESENHO E DEPOIS TERMINE DE PINTAR COM GIZ DE CERA.

DATA: ____ / ____ / ____

PROCURE, EM JORNAIS OU REVISTAS, FIGURAS DE SEUS ANIMAIS PREFERIDOS E COLE-AS AQUI. DEPOIS, CONTE AOS COLEGAS POR QUE VOCÊ GOSTA DESSES BICHINHOS.

DATA: _____ / _____ / _____

HORA DE BRINCAR

PINTE OS ESPAÇOS QUE TÊM PONTINHOS E DESCUBRA O BICHINHO PREFERIDO DO SEU LOBATO, O DONO DO SÍTIO ARCO-ÍRIS. DEPOIS, CANTE COM OS COLEGAS.

SÍTIO DO SEU LOBATO

SEU LOBATO TINHA UM SÍTIO, IA, IA, Ô!
E NESSE SÍTIO TINHA UM PINTINHO, IA, IA, Ô!
ERA PIU, PIU, PIU PRA CÁ
ERA PIU, PIU, PIU PRA LÁ
ERA PIU, PIU, PIU PRA TODO LADO
IA, IA, Ô...

SEU LOBATO TINHA UM SÍTIO, IA, IA, Ô!
E NESSE SÍTIO TINHA UM PATO, IA, IA, Ô!
ERA QUÁ, QUÁ, QUÁ, PRA CÁ
ERA QUÁ, QUÁ, QUÁ, PRA LÁ
ERA QUÁ, QUÁ, QUÁ, PRA TODO LADO
IA, IA, Ô...

CANTIGA POPULAR

DATA: ____ / ____ / ____

CIRCULE OS ANIMAIS DO SÍTIO QUE APARECEM NESTA CENA.

AGORA CUBRA OS PONTILHADOS E TERMINE DE PINTAR O PEIXE.

NO SÍTIO ARCO-ÍRIS APARECEU UM SABIÁ QUE ENCANTOU AS CRIANÇAS. CONTINUE A PINTAR O SABIÁ.

DATA: _____ / _____ / _____

NASCEU UM ANIMALZINHO LINDO NO SÍTIO.
OBSERVE A SOMBRA ABAIXO PARA DESCOBRIR QUAL É O ANIMAL E PINTE-O COMO QUISER.

BEZERRO

OVELHA

PORCO

PINTINHO

O NOME DO SÍTIO DE SEU LOBATO É ARCO-ÍRIS. VOCÊ SABE QUAIS SÃO AS CORES DO ARCO-ÍRIS? CONTINUE PINTANDO COM AS CORES INDICADAS E DESCUBRA.

DATA: ____ / ____ / ____

KAIO, AMIGO DE RENATO, ADORA DESENHAR.
VEJA OS DESENHOS QUE ELE FEZ PARA REPRESENTAR OS ANIMAIS QUE OBSERVOU NO SÍTIO.

CAVALO

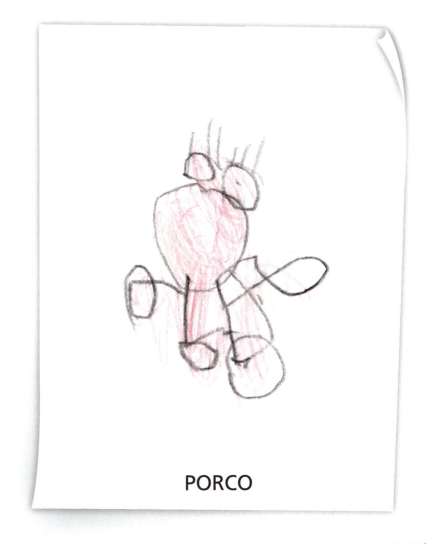

PORCO

DATA: _____ / _____ / _____

E VOCÊ, GOSTA DE DESENHAR?
DESENHE O QUE QUISER NESTA PÁGINA.

DATA: _____ / _____ / _____

BRINCANDO E APRENDENDO COM AS FLORES

O SENHOR LOBATO RESOLVEU PLANTAR UMA FLOR.
CUBRA AS LINHAS TRACEJADAS E DEPOIS TERMINE DE PINTAR A FLOR DE .

VOCÊ CONHECE ESSA FLOR?

DATA: _____ / _____ / _____

FAZENDO ARTE

O ARTISTA VINCENT VAN GOGH ADORAVA GIRASSÓIS. CONHEÇA UMA DE SUAS OBRAS DE ARTE E DEPOIS CONVERSE A RESPEITO DELA COM OS COLEGAS.

GIRASSÓIS, DE VINCENT VAN GOGH, 1888.

DATA: _____ / _____ / _____

AGORA UTILIZE AS PEÇAS DA PÁGINA 5 DO **MATERIAL DE APOIO** PARA RECONSTRUIR AQUI A OBRA **GIRASSÓIS**, DE VAN GOGH.

DATA: ____ / ____ / ____

AO VER O GIRASSOL, BRUNA LEMBROU-SE DE UM POEMA E O RECITOU PARA OS COLEGAS. VAMOS RECITAR TAMBÉM? DEPOIS, ILUSTRE A PÁGINA COMO QUISER.

O GIRASSOL

SEMPRE QUE O SOL
PINTA DE ANIL
TODO O CÉU
O GIRASSOL
FICA UM GENTIL
CARROSSEL

RODA, RODA, CARROSSEL
GIRA, GIRA, GIRASSOL
REDONDINHO COMO O CÉU
AMARELINHO COMO O SOL

A ARCA DE NOÉ, DE VINICIUS DE MORAES.
SÃO PAULO: COMPANHIA DAS LETRINHAS, 2001.
(TEXTO ADAPTADO).

DATA: _____ / _____ / _____

PINTE DE 🟥 OS ESPAÇOS QUE TÊM PONTINHOS E DESCUBRA OUTRA FLOR QUE O SENHOR LOBATO PLANTA NO SÍTIO.

QUAL É O NOME DESSA FLOR?

DATA: ____/____/____

AGORA AJUDE BRUNA A CHEGAR AO JARDIM DE FLORES DO SENHOR LOBATO.

BRUNA

DATA: _____ / _____ / _____

O TEMA É...
PRESERVAÇÃO!

PRESERVAR É O ATO DE NÃO DESTRUIR E DE PROTEGER ALGO. NÓS PODEMOS, POR EXEMPLO, PRESERVAR AS FLORESTAS, OS PARQUES, OS RIOS, OS ANIMAIS E MUITAS OUTRAS COISAS QUE FAZEM OU NÃO PARTE DA NATUREZA. OBSERVE NA CENA ABAIXO UM PARQUE PRESERVADO.

PARQUE NACIONAL DA LAGOA DO PEIXE, 2014.

PARA AJUDAR A PRESERVAR A NATUREZA, QUE TAL PENSAR NAS SUAS ATITUDES?
COMO VOCÊ ACHA QUE PODE AJUDAR A PRESERVÁ-LA?
PROCURE, EM JORNAIS E REVISTAS, IMAGENS QUE MOSTRAM ATITUDES CORRETAS EM RELAÇÃO À NATUREZA. DEPOIS, COLE-AS NO ESPAÇO ABAIXO.

DATA: _____ / _____ / _____

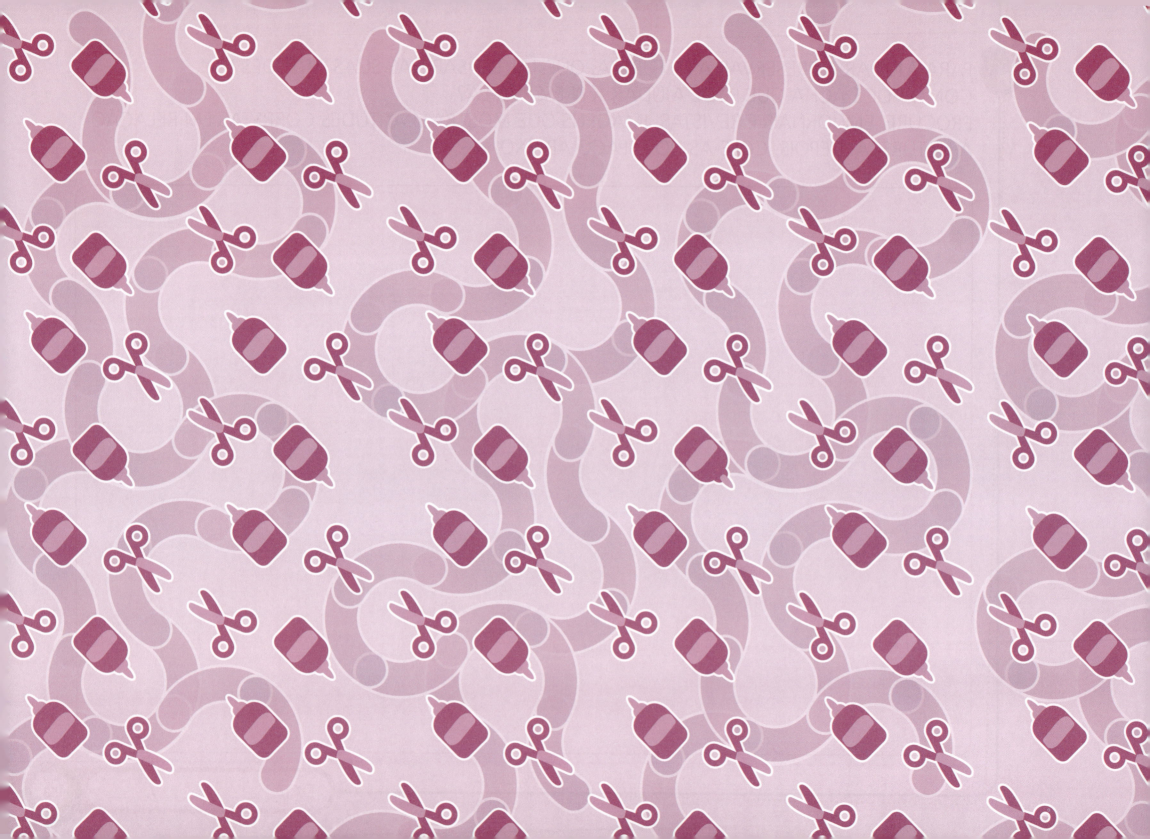

HORA DA HISTÓRIA
A MENINA DO LEITE

VAMOS OUVIR A LEITURA DA HISTÓRIA, OBSERVANDO AS ILUSTRAÇÕES?

A MENINA NÃO CABIA EM SI DE FELICIDADE. PELA PRIMEIRA VEZ IRIA À CIDADE VENDER O LEITE DE SUA VAQUINHA. TRAJANDO O SEU MELHOR VESTIDO, ELA PARTIU PELA ESTRADA COM A LATA DE LEITE NA CABEÇA. ENQUANTO CAMINHAVA, O LEITE CHACOALHAVA DENTRO DA LATA. E OS PENSAMENTOS FAZIAM O MESMO DENTRO DA CABEÇA.

"VOU VENDER O LEITE E COMPRAR UMA DÚZIA DE OVOS."

"DEPOIS, CHOCO OS OVOS E GANHO UMA DÚZIA DE PINTINHOS."

"QUANDO OS PINTINHOS CRESCEREM, TEREI BONITOS GALOS E GALINHAS."

"VENDO OS GALOS E CRIO AS FRANGAS, QUE SÃO ÓTIMAS BOTADEIRAS DE OVOS."
"CHOCO OS OVOS E TEREI MAIS GALOS E GALINHAS."
"VENDO TUDO E COMPRO UMA CABRITA E ALGUMAS PORCAS."
"SE CADA PORCA ME DER TRÊS LEITÕEZINHOS, VENDO DOIS, FICO COM UM E..."
A MENINA ESTAVA TÃO DISTRAÍDA QUE TROPEÇOU NUMA PEDRA, PERDEU O EQUILÍBRIO E LEVOU UM TOMBO.
LÁ SE FOI O LEITE BRANQUINHO PELO CHÃO.
E OS OVOS, OS PINTINHOS, OS GALOS, AS GALINHAS, OS CABRITOS, AS PORCAS E OS LEITÕEZINHOS PELOS ARES.

FÁBULAS DE ESOPO, DE JEAN DE LA FONTAINE. SÃO PAULO: SCIPIONE, 2004. (TEXTO ADAPTADO POR LÚCIA TULCHINSKI).

RODA DE CONVERSA

BRUNA E SEUS COLEGAS ESTÃO BRINCANDO DE RODA NA ESCOLA. VAMOS CANTAR COM ELES?

CIRANDA, CIRANDINHA

CIRANDA, CIRANDINHA
VAMOS TODOS CIRANDAR
VAMOS DAR A MEIA-VOLTA
VOLTA E MEIA VAMOS DAR

O ANEL QUE TU ME DESTES
ERA VIDRO E SE QUEBROU
O AMOR QUE TU ME TINHAS
ERA POUCO E SE ACABOU

POR ISSO **RENATO**
ENTRE DENTRO DESTA RODA
DIGA UM VERSO BEM BONITO
DIGA ADEUS E VÁ SE EMBORA

CANTIGA POPULAR

VOCÊ CONHECE ESSA CANTIGA?
QUE OUTRAS CANTIGAS DE RODA VOCÊ CONHECE?

DATA: ____ / ____ / ____

BRINCANDO E APRENDENDO COM LETRAS DO SEU NOME

PINTE AS LETRAS QUE FAZEM PARTE DO SEU NOME NO ALFABETO QUE A PROFESSORA DESENHOU NA LOUSA ABAIXO.

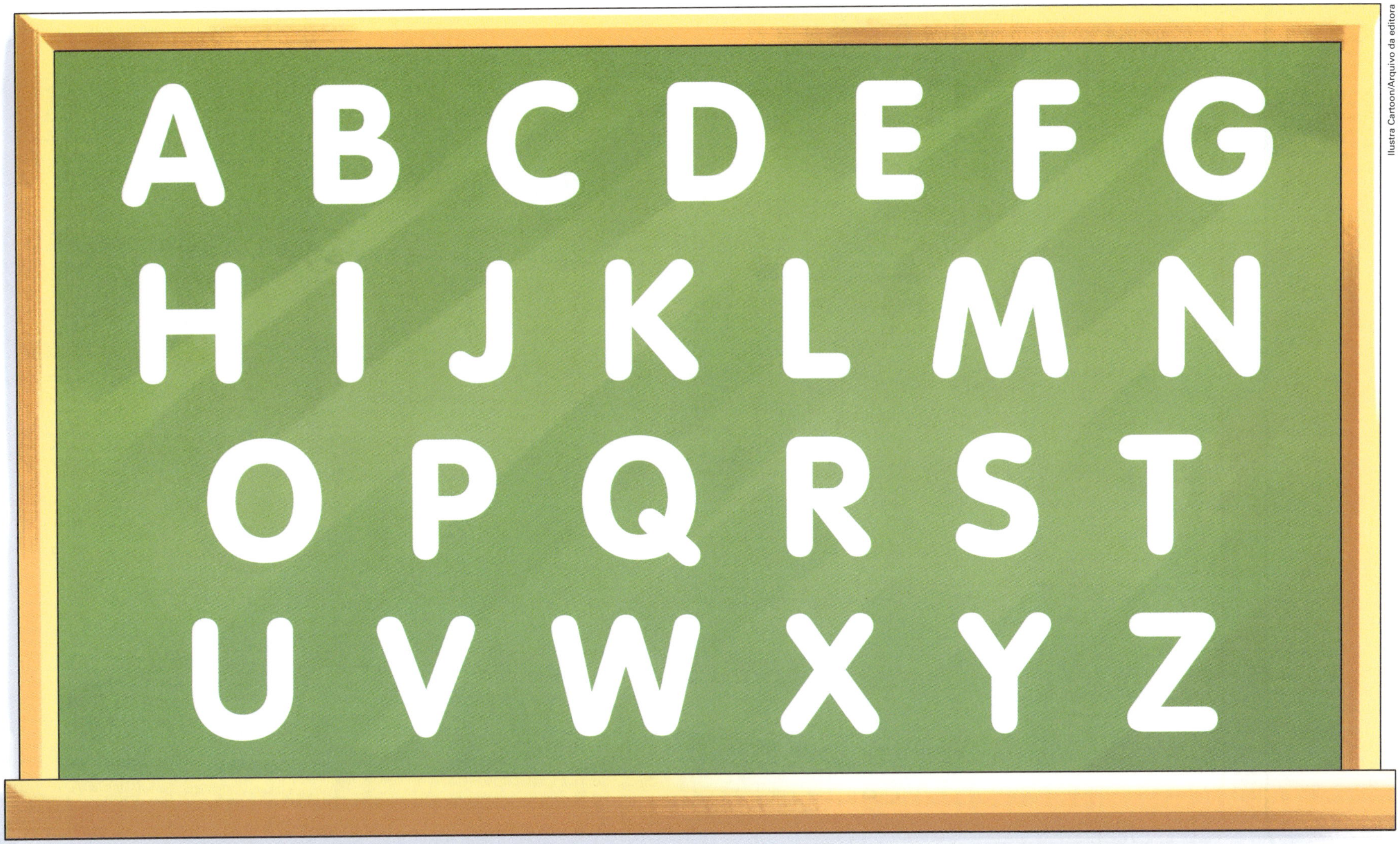

A B C D E F G
H I J K L M N
O P Q R S T
U V W X Y Z

DATA: ____ / ____ / ____

ESCREVA O SEU NOME NO QUADRO ABAIXO E PINTE SOMENTE A PRIMEIRA LETRA.

DATA: _____ / _____ / _____

COPIE AQUI A PRIMEIRA LETRA DO SEU NOME, A MESMA QUE VOCÊ PINTOU NA PÁGINA ANTERIOR.

QUE OBJETOS VOCÊ CONHECE QUE COMEÇAM COM ESSA LETRA?
DESENHE UM DESSES OBJETOS NO ESPAÇO ACIMA.

DATA: _____ / _____ / _____

BRINCANDO E APRENDENDO COM LETRAS DE OUTROS NOMES

A TURMA DE BRUNA ADOROU CANTAR ESTA CANTIGA.
CANTE COM A SUA TURMA, SUBSTITUINDO O NOME DAS CRIANÇAS PELO NOME DE UM COLEGA.

A CANOA VIROU

A CANOA VIROU
POR DEIXÁ-LA VIRAR
FOI POR CAUSA DA **SOFIA**
QUE NÃO SOUBE REMAR

SE EU FOSSE UM PEIXINHO
E SOUBESSE NADAR
TIRAVA O **RAFAEL**
DO FUNDO DO MAR

CANTIGA POPULAR

Ilustra Cartoon/Arquivo da editora

DATA: ____ /____ /____

OBSERVE AS FIGURAS DESTA PÁGINA E DAS PÁGINAS SEGUINTES. REPARE QUE O NOME DAS FIGURAS COMEÇA COM A LETRA QUE ESTÁ AO LADO DELAS. PINTE CADA LETRA COMO QUISER.

DATA: _____ / _____ / _____

DATA: _____ / _____ / _____

64

S    T    U

V    W    X

Y    Z

DATA: _____ / _____ / _____

VOCÊ SABIA QUE OS DEDOS DA MÃO TAMBÉM TÊM NOME? OBSERVE O DESENHO QUE A PROFESSORA FEZ DA MÃO DE BRUNA.

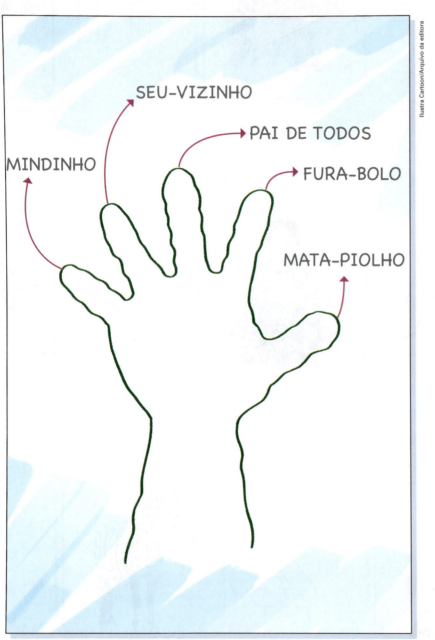

AGORA DESENHE AQUI A SUA MÃO E CRIE UM NOME PARA CADA DEDO. CONTE PARA SEUS COLEGAS OS NOMES QUE VOCÊ CRIOU.

DATA: _____ / _____ / _____

FAZENDO ARTE

DEDOS

VAMOS TRANSFORMAR OS SEUS DEDOS EM PERSONAGENS ALEGRES E COLORIDOS?
COM OS MATERIAIS INDICADOS, UTILIZE A SUA CRIATIVIDADE E IMAGINAÇÃO!

MATERIAL NECESSÁRIO:
- CANETINHAS COLORIDAS
- TINTA GUACHE DE CORES VARIADAS

JUNTE-SE A UM COLEGA E PEÇA A ELE QUE DESENHE UM PERSONAGEM DIFERENTE EM CADA UM DE SEUS DEDOS. SE ELE NÃO QUISER ILUSTRAR EM TODOS OS DEDOS, TUDO BEM.

DEPOIS, FAÇA O MESMO NOS DEDOS DELE. DESENHE E PINTE OS PERSONAGENS DA MANEIRA QUE QUISER.

PERSONAGENS PRONTOS, BRINQUEM JUNTOS CRIANDO DIFERENTES HISTÓRIAS.

DATA: ____ / ____ / ____

BRINCANDO E APRENDENDO COM PALAVRAS

RENATO ADORA DESAFIOS!
VEJA NESTA PÁGINA E NA PÁGINA SEGUINTE OS DESAFIOS QUE ELE PREPAROU PARA VOCÊ.

PINTE DE 🖍 AS LETRAS QUE FORMAM AS PALAVRAS A SEGUIR.

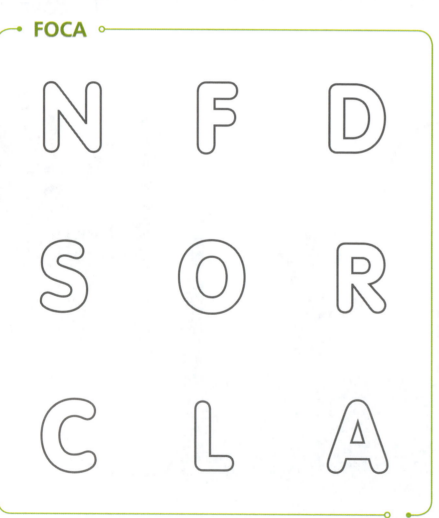

• FOCA

N	F	D
S	O	R
C	L	A

• BOLA

B	O	T
E	U	L
S	A	P

DATA: ____ / ____ / ____

AGORA OBSERVE AS FIGURAS E CIRCULE O NOME DELAS.

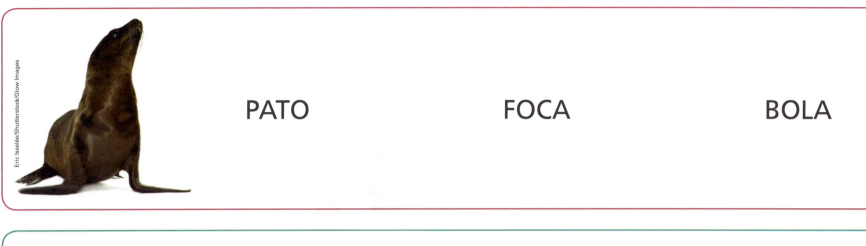

PATO   FOCA   BOLA

PATO   FOCA   BOLA

PATO   FOCA   BOLA

DATA: _____ / _____ / _____

VOCÊ CONHECE O PERSONAGEM ABAIXO? O NOME DELE É PINÓQUIO.

PINÓQUIO

HOJE A PROFESSORA DE BRUNA CONTOU A HISTÓRIA DE PINÓQUIO PARA A TURMA. VEJA AS FIGURAS QUE ELA MOSTROU E QUE AS CRIANÇAS ADORARAM:

DATA: _____ / _____ / _____

AGORA É A SUA VEZ! PROCURE EM REVISTAS OU NA INTERNET IMAGENS DE SEU PERSONAGEM PREFERIDO E COLE-AS AQUI.

DATA: _____ / _____ / _____

BRINCANDO E APRENDENDO COM VOGAIS

CUBRA AS LETRAS PONTILHADAS COM LÁPIS DE COR.

PIRULITO   GATO   ELEFANTE

DATA: _____ / _____ / _____

AGORA CUBRA OS PONTILHADOS E DESCUBRA COM QUE LETRA COMEÇA O NOME DE CADA FIGURA.

HORA DE BRINCAR

ESTE É RAFAEL, AMIGO DE BRUNA E RENATO.
ELE MODELOU AS LETRAS **A**, **E**, **I**, **O**, **U** COM MASSA DE MODELAR. VEJA COMO FICOU.

RAFAEL

QUE TAL VOCÊ TAMBÉM MODELAR ESSAS LETRAS COM OS COLEGAS?

DATA: _____ / _____ / _____

DESTAQUE OS ADESIVOS NO FINAL DO LIVRO E COLE-OS NO QUADRO CORRESPONDENTE À PRIMEIRA LETRA DE CADA FIGURA. EM SEGUIDA, PRONUNCIE O NOME DE CADA UMA DELAS.

A

E

I

O

U

DATA: _____ / _____ / _____

OBSERVE A CAPA DOS LIVROS DESTA PÁGINA E DA PÁGINA SEGUINTE. DEPOIS COMPLETE AS LEGENDAS COM AS LETRAS QUE FALTAM.

OS TRÊS PORQUINHOS

A BELA E A FERA

PINÓQUIO

DATA: _____ / _____ / _____

CHAPEUZINHO VERMELHO

RAPUNZEL

O PATINHO FEIO

DESSAS HISTÓRIAS, QUAL É A SUA PREFERIDA?
FAÇA UM DESENHO E PINTE-O.

DATA: _____ / _____ / _____

O TEMA É...
BOAS MANEIRAS!

BRUNA E SEUS COLEGAS ELABORARAM UM CARTAZ DE PALAVRINHAS MÁGICAS PARA USAR DENTRO E FORA DA SALA DE AULA. OBSERVE-O.

QUAL É A PALAVRA MÁGICA QUE VOCÊ MAIS USA NO SEU DIA A DIA? CONTE AOS COLEGAS.

DATA: _____ / _____ / _____

HORA DA HISTÓRIA
PINÓQUIO

VAMOS OUVIR A LEITURA DA HISTÓRIA, OBSERVANDO AS ILUSTRAÇÕES?

CERTA VEZ, UM VELHO CARPINTEIRO CHAMADO GEPETO FEZ UM BONECO DE MADEIRA E DEU-LHE O NOME DE PINÓQUIO.

DE REPENTE, O BONECO CRIOU VIDA. GEPETO FICOU MUITO FELIZ. AGORA, TINHA UM FILHO.

GEPETO QUERIA FAZER DE PINÓQUIO UM MENINO EDUCADO. COLOCOU-O NA ESCOLA. MAS PINÓQUIO FUGIU E FOI DIVERTIR-SE NO TEATRO DE BONECOS.

O DONO DO TEATRO QUERIA FICAR COM PINÓQUIO, MAS ELE CHOROU TANTO QUE O HOMEM DEU-LHE UMAS MOEDAS E O DEIXOU PARTIR.

NA VOLTA PARA CASA, ENCONTROU DOIS LADRÕES. APESAR DOS CONSELHOS DO GRILO FALANTE, SEGUIU COM ELES E FOI ROUBADO. PINÓQUIO, TRISTE, RESOLVEU VOLTAR PARA CASA E OBEDECER GEPETO.

DATA: ____ / ____ / ____

NO CAMINHO, UM PASSARINHO AVISOU QUE GEPETO FOI PROCURÁ-LO NO MAR.

ELE IA AO ENCONTRO DE GEPETO, QUANDO VIU UMAS CRIANÇAS QUE SE DIRIGIAM AO PAÍS DA ALEGRIA. PINÓQUIO FOI COM ELAS.

ESTAVA BRINCANDO, QUANDO PERCEBEU QUE ESTAVA SE TRANSFORMANDO EM UM BURRO. CHOROU, ARREPENDIDO.

UMA FADA APARECEU E DESFEZ O ENCANTO. MAS AVISOU:

— TODA VEZ QUE MENTIR, SEU NARIZ VAI CRESCER!

CHEGANDO NO MAR, PINÓQUIO E O GRILO FORAM PROCURAR GEPETO. APARECEU UMA BALEIA E OS ENGOLIU. LÁ DENTRO, ENCONTRARAM GEPETO.

QUANDO A BALEIA ABRIU A BOCA DE NOVO, ELES FUGIRAM.

CHEGANDO EM CASA, A FADA RECOMPENSOU A CORAGEM DE PINÓQUIO, TRANSFORMANDO-O NUM MENINO DE VERDADE. PINÓQUIO E GEPETO FORAM MUITO FELIZES.

AS MAIS BELAS HISTÓRIAS DE BOA NOITE, DE CRISTINA MARQUES. BLUMENAU: TODO LIVRO, 2012.

DATA: ____/____/____

UNIDADE 4
E A BRINCADEIRA CONTINUA!

RODA DE CONVERSA

BRUNA E PEDRO ESTÃO BRINCANDO DE ADIVINHA. VOCÊ JÁ BRINCOU DE ADIVINHA COM OS SEUS COLEGAS? TENTE DESCOBRIR A RESPOSTA DA ADIVINHA ABAIXO.

O QUE É, O QUE É:
SÃO 5 LETRAS
UMA OU MAIS SEMPRE ESTÁ EM TODAS AS PALAVRAS?

DATA: _____ /_____ /_____

BRINCANDO E APRENDENDO COM A, E, I, O, U

VAMOS CANTAR E BRINCAR COM AS VOGAIS? CANTE COM O PROFESSOR E OS COLEGAS.

O SAPO NÃO LAVA O PÉ
NÃO LAVA PORQUE NÃO QUER
ELE MORA LÁ NA LAGOA
NÃO LAVA O PÉ PORQUE NÃO QUER
MAS QUE CHULÉ!

A SAPA NA LAVA A PA
NA LAVA PARCA NA CA
ALA MARA LÁ NA LAGA
NA LAVA A PA PARCA NA CA,
MAS CA CHALA!

E SEPE NE LEVE E PE
NE LEVE PERQUE NE QUE
ELE MERE LE NE LEGUE
NE LEVE E PE PERQUE NE QUE
MES QUE CHELE!

CANTIGA POPULAR

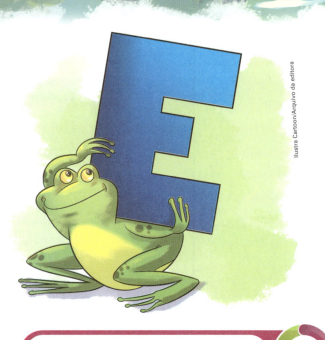

AGORA QUE VOCÊ JÁ CONHECE A CANTIGA, CANTE COM A LETRA QUE O SAPO ESTÁ MOSTRANDO.

I SIPI NI LIVI I PI
NI LIVI PIRQUI NI QUI
ILI MIRI LI NI LIGUI
NI LIVI I PI PIRQUI NI QUI
MIS QUI CHILI

O SOPO NO LOVO O PO
NO LOVO PORCO NO CO
OLO MORO LO NO LOGO
NO LOVO O PO PORCO NO CO
MOS CO CHOLO!

U SUPU NU LUVU U PU
NU LUVU PURCU NU CU
ULU MURU LU NU LUGU
NU LUVU U PU PURCU NU CU
MUS CU CHULU!

DATA: _____ / _____ / _____

AJUDE O SAPO A FICAR MAIS BONITO.
COLE PEDACINHOS DE PAPEL NO CORPO DELE.
DEPOIS, PINTE AS VOGAIS DO NOME DELE.

SAPO

DATA: ____/____/____

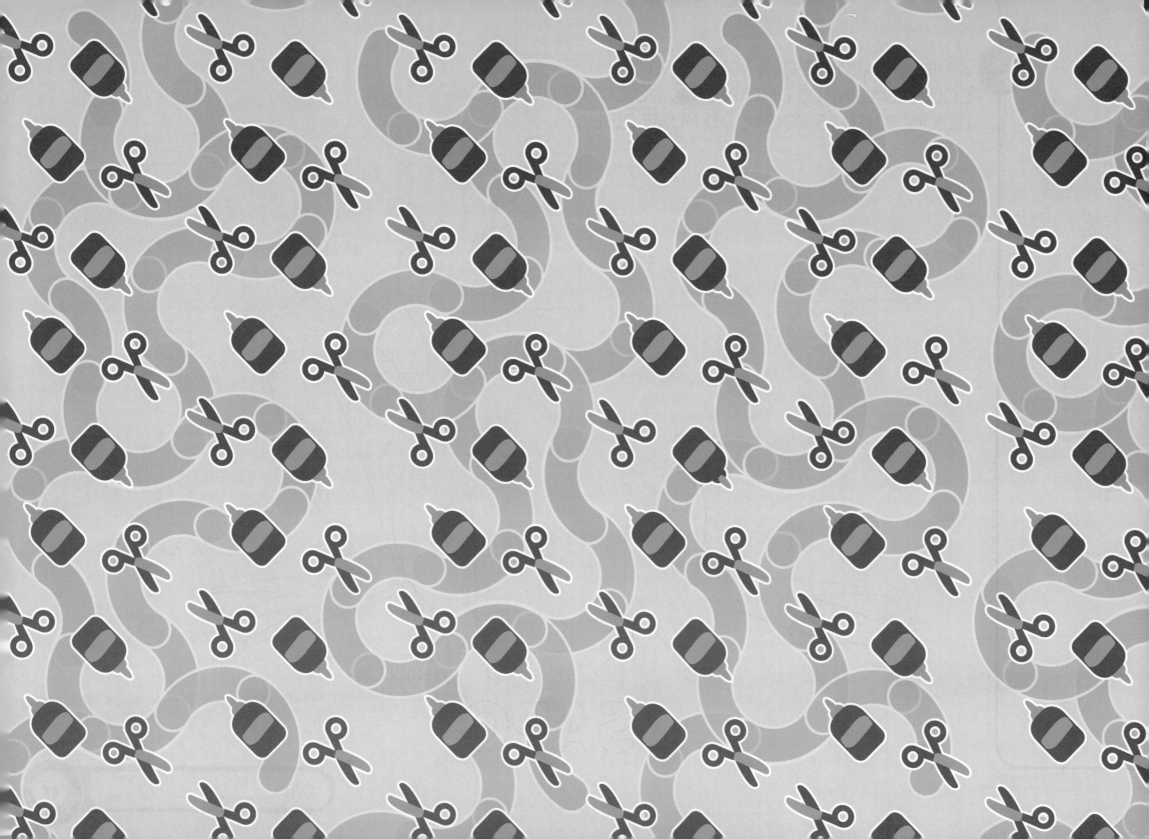

FAZENDO ARTE

SAPO

MATERIAL NECESSÁRIO:

- PAPELÃO
- TINTA GUACHE VERDE
- ELÁSTICO
- PEDAÇO DE FELTRO OU OUTRO TECIDO VERMELHO
- COLA
- TESOURA

COM A AJUDA DO PROFESSOR, QUE TAL FAZER UM SAPO?

PEÇA AO PROFESSOR QUE RECORTE O PEDAÇO DE PAPELÃO EM FORMATO OVAL. PINTE OS DOIS LADOS DE VERDE E DEIXE SECAR.

PARA FINALIZAR, ENCAIXE UM ELÁSTICO DENTRO DA BOCA DO SAPO, DE MODO QUE FIQUE NA PARTE SUPERIOR, ONDE VOCÊ VAI ENCAIXAR A MÃO.

NA PARTE INTERNA, COLE UM PEDAÇO DE TECIDO VERMELHO, QUE SERÁ A LÍNGUA DO SAPO. NA PARTE EXTERNA, COLE OS OLHOS.

PRONTO, AGORA É SÓ BRINCAR.

Ilustrações: Ilustra Cartoon/Arquivo da editora

DATA: ____ / ____ / ____

O TEMA É...
HIGIENE É SAÚDE!

VOCÊ CONHECEU A HISTÓRIA DO SAPO QUE NÃO LAVAVA O PÉ. POR ISSO, ELE TINHA CHULÉ!

VOCÊ LAVA OS PÉS?
QUAIS OUTRAS PARTES DO SEU CORPO VOCÊ LAVA DURANTE O BANHO? CONVERSE COM OS COLEGAS.

DATA: ____ / ____ / ____

AGORA, VAMOS CANTAR E BRINCAR DE TOMAR BANHO COM OUTRO BICHINHO ANIMADO?

RATINHO TOMANDO BANHO

TCHAU PREGUIÇA
TCHAU SUJEIRA
ADEUS CHEIRINHO DE SUOR
OH...
LAVA, LAVA, LAVA
LAVA, LAVA, LAVA
UMA ORELHA, UMA ORELHA
OUTRA ORELHA, OUTRA ORELHA
LAVA, LAVA, LAVA, LAVA
LAVA A TESTA, A BOCHECHA
LAVA O QUEIXO
LAVA A COXA
E LAVA ATÉ...
MEU PÉ

MEU QUERIDO PÉ
QUE ME AGUENTA O DIA INTEIRO
OH, OH
E O MEU NARIZ
MEU PESCOÇO
MEU TÓRAX
O MEU BUMBUM
E TAMBÉM O FAZEDOR DE XIXI
[...]
AHH!
BANHO É BOM
BANHO É BOM
BANHO É MUITO BOM
AGORA ACABOU!

HÉLIO ZISKIND, CASTELO RÁ-TIM-BUM. UNIVERSAL, 1995.

DATA: ____/____/____

BRINCANDO E APRENDENDO COM A VOGAL A

VAMOS CANTAR COM A DONA ARANHA?

A DONA ARANHA SUBIU PELA PAREDE.
VEIO A CHUVA FORTE E A DERRUBOU.
JÁ PASSOU A CHUVA, O SOL JÁ VAI SURGINDO,
E A DONA ARANHA CONTINUA A SUBIR.
ELA É TEIMOSA E DESOBEDIENTE.
SOBE, SOBE, SOBE E NUNCA ESTÁ CONTENTE.

CANTIGA POPULAR

ARANHA
aranha

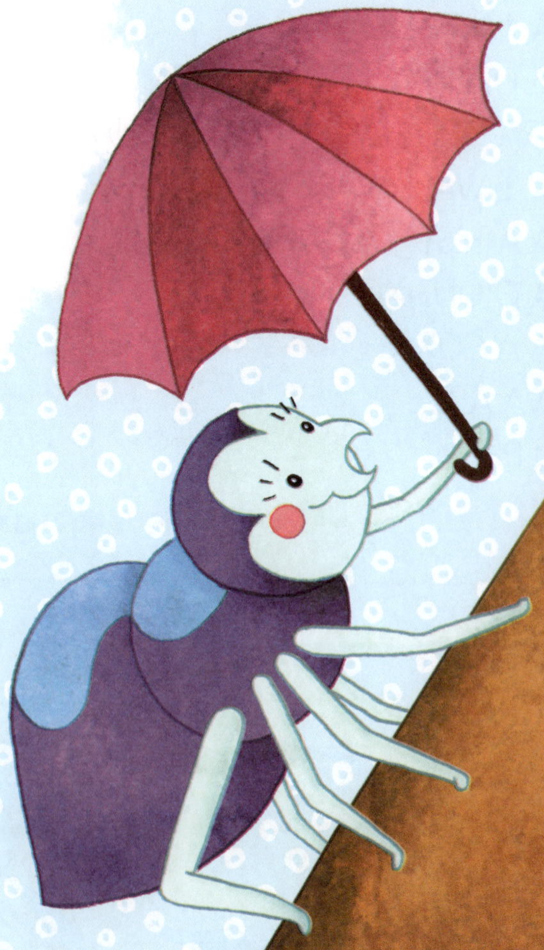

Alexandre Matos/Arquivo da editora

DATA: _____ /_____ /_____

FALE O NOME DE CADA FIGURA E CUBRA OS PONTILHADOS PARA ESCREVER A LETRA **A**. DEPOIS, PINTE AS FIGURAS.

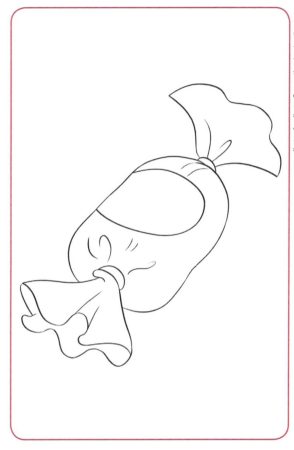

AVIÃO ARARA BALA

DATA: _____ / _____ / _____

BRINCANDO E APRENDENDO COM A VOGAL E

AS CRIANÇAS TIRARAM A SORTE PARA DECIDIR QUEM VAI COMEÇAR UMA NOVA BRINCADEIRA. O ESCOLHIDO FOI O EDU.

UNI-DUNI-TÊ
SALAMÊ MINGUÊ
UM SORVETE COLORÊ
O ESCOLHIDO FOI VOCÊ!

CANTIGA POPULAR

Ilustra Cartoon/Arquivo da editora

DATA: ____ /____ /____

FALE O NOME DE CADA FIGURA E CUBRA OS PONTILHADOS PARA ESCREVER A LETRA **E**.

ESTRELA

ELEFANTE

PETECA

DATA: ____/____/____

BRINCANDO E APRENDENDO COM A VOGAL I

IAGO MOSTROU PARA A TURMA A FOTO DE UM ANIMAL. O NOME DO ANIMAL COMEÇA COM A MESMA LETRA QUE O NOME DO GAROTO. VOCÊ CONSEGUE ADIVINHAR QUE ANIMAL É ESSE?

O IRERÊ É UMA AVE. ELA EXISTE EM TODO O BRASIL. MESMO O IRERÊ SELVAGEM É BEM TRANQUILO. QUANDO NÃO INCOMODADO FREQUENTA ATÉ LAGOS DE PARQUES PÚBLICOS, NAS GRANDES CIDADES. ENQUANTO VOA, GOSTA DE ASSOBIAR, PRINCIPALMENTE EM NOITES DE CHUVA. ELE SE ALIMENTA DE PLANTAS, INSETOS AQUÁTICOS E SEMENTES.

IRERÊ
irerê

Fabio Colombini/Acervo do fotógrafo

DATA: _____ / _____ / _____

VEJA ABAIXO O QUE AS CRIANÇAS ENCONTRARAM PARA BRINCAR.
CUBRA A LETRA **I** NAS PALAVRAS E DEPOIS LEIA-AS COM OS COLEGAS.

I O I Ô

P I PA

P I ÃO

DATA: _____ / _____ / _____

BRINCANDO E APRENDENDO COM A VOGAL O

OTÁVIO APRESENTOU AOS COLEGAS A CANTIGA ABAIXO. VAMOS CANTAR COM A TURMA?

NÃO ATIRE O PAU NO GATO

NÃO ATIRE O PAU NO GATO-TO
PORQUE ISSO-SO
NÃO SE FAZ-FAZ-FAZ
O GATINHO-NHO
É NOSSO AMIGO-GO
NÃO DEVEMOS MALTRATAR OS ANIMAIS.
MIAU!

CANTIGA POPULAR

GATO
gato

DATA: _____ / _____ / _____

98

CUBRA OS PONTILHADOS PARA COMPLETAR A LETRA O EM CADA PALAVRA. DEPOIS, PINTE AS FIGURAS.

OVO

BOLO

OSSO

BRINCANDO E APRENDENDO COM A VOGAL U

AGORA É A VEZ DA VOGAL **U**.

SE ESSA RUA FOSSE MINHA

SE ESSA RUA,
SE ESSA RUA FOSSE MINHA,
EU MANDAVA,
EU MANDAVA LADRILHAR,
COM PEDRINHAS,
COM PEDRINHAS DE BRILHANTES,
PARA O MEU,
PARA O MEU AMOR PASSAR.

CANTIGA POPULAR

RUA
rua

DATA: _____ /_____ /_____

CUBRA OS PONTILHADOS PARA COMPLETAR A LETRA U EM CADA PALAVRA. DEPOIS, PINTE AS FIGURAS.

UVA

URSO

URUBU

DATA: ____/____/____

QUE TAL RECORDAR AS LETRAS QUE VOCÊ APRENDEU? LIGUE CADA FIGURA À LETRA INICIAL DE SEU NOME.

A E I O U

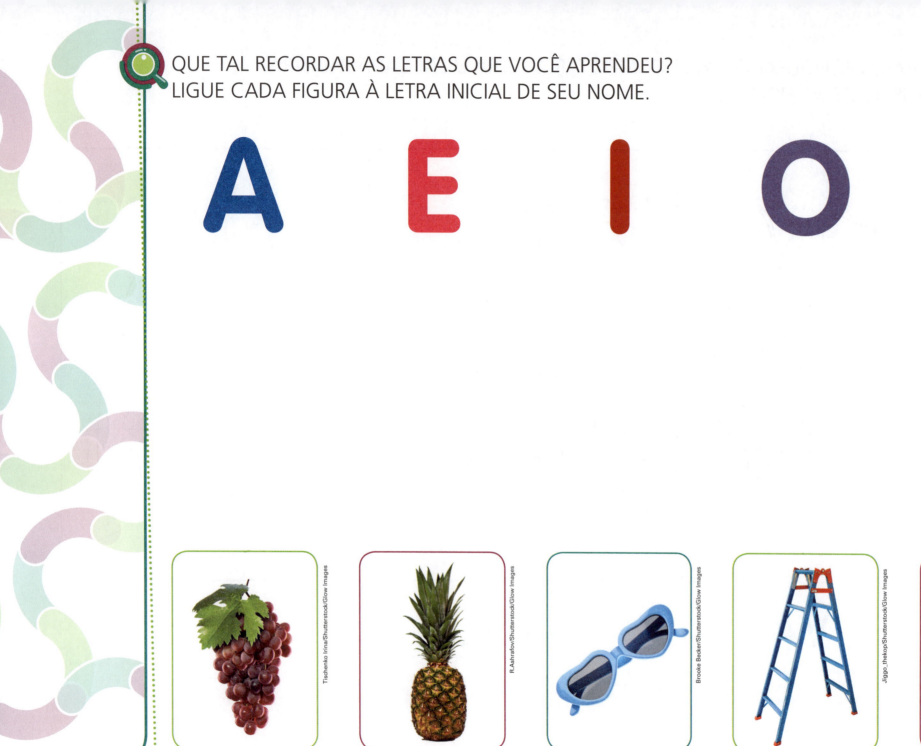

DATA: _____ / _____ / _____

AGORA CIRCULE EM CADA GRUPO A FIGURA QUE TEM O NOME INICIADO PELA VOGAL INDICADA.

A

E

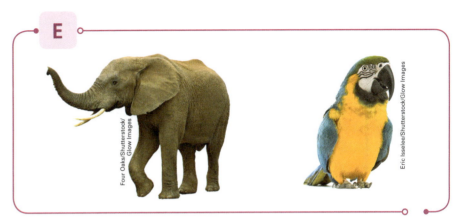

I

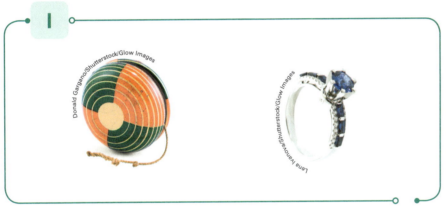

O

U

DATA: _____ / _____ / _____

COMPLETE O NOME DAS FIGURAS COLANDO OS ADESIVOS COM AS LETRAS **A**, **E**, **I**, **O** E **U** QUE ESTÃO NO FINAL DO LIVRO. DEPOIS, PINTE-AS.

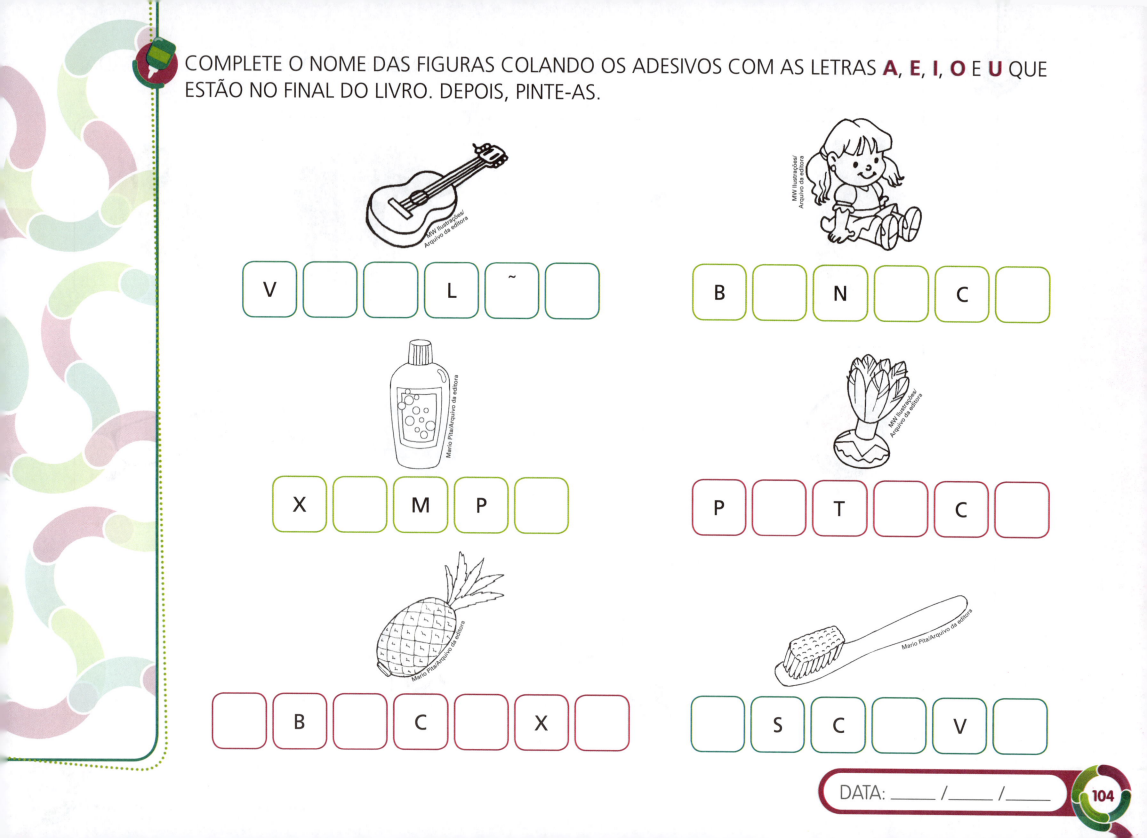

BRINCANDO E APRENDENDO COM O ENCONTRO DAS VOGAIS

SE VOCÊ JUNTAR AS LETRAS **A** E **I**, QUE PALAVRA FORMA?

AI AI

E SE VOCÊ JUNTAR AS LETRAS **A** E **U**, QUE PALAVRA FORMA?

AU AU

Ilustrações: Ilustra Cartoon/Arquivo da editora

JUNTANDO AS LETRAS **O** E **I**, VOCÊ FORMA OUTRA PALAVRA.

OI OI

DATA: ____ / ____ / ____

DESTAQUE AS FICHAS DA PÁGINA 7 DO **MATERIAL DE APOIO** E COLE AQUI OUTRAS PALAVRAS FORMADAS PELA JUNÇÃO DE DUAS VOGAIS.

DATA: _____ / _____ / _____

HORA DA HISTÓRIA

A FESTA NO CÉU

VAMOS OUVIR A LEITURA DA HISTÓRIA OBSERVANDO AS ILUSTRAÇÕES?

ESPALHOU-SE A NOTÍCIA DE UMA FESTA NO CÉU. TODAS AS AVES COMPARECERIAM E COMEÇARAM A FAZER INVEJA AOS BICHOS DA TERRA QUE NÃO VOAVAM.
IMAGINEM QUEM FOI DIZER QUE IA À FESTA TAMBÉM... O SAPO! POIS É, DISSE QUE TINHA SIDO CONVIDADO E QUE IA MESMO. OS BICHOS SÓ FALTARAM MORRER DE RIR.
O SAPO TINHA UM PLANO. NA VÉSPERA, PROCUROU O URUBU PARA PROSEAR. DEPOIS DE MUITO TEMPO DISSE:
— BEM, CAMARADA URUBU, QUEM É COXO PARTE CEDO E VOU INDO PORQUE O CAMINHO É COMPRIDO.
O URUBU RESPONDEU:
— VOCÊ VAI MESMO?
— SE VOU? ATÉ LÁ, SEM FALTA!
MAS, EM VEZ DE SAIR, O SAPO DEU UMA VOLTA E ENTROU NA VIOLA QUE O URUBU IA LEVAR PARA A FESTA.

Ilustra Cartoon/Arquivo da editora

O URUBU, MAIS TARDE, PEGOU A VIOLA, AMARROU-A EM SI E BATEU ASAS PARA O CÉU.

CHEGANDO LÁ, ARRIOU A VIOLA E FOI PROCURAR AS OUTRAS AVES. O SAPO DEU UM PULO E GANHOU A RUA, TODO SATISFEITO.

AS AVES FICARAM SURPRESAS VENDO O SAPO PULANDO E SE DIVERTINDO A VALER NA FESTA DO CÉU! MAS, PELA MADRUGADA, MESTRE SAPO CORREU DE VOLTA PARA A VIOLA.

O SOL SAINDO, ACABOU-SE A FESTA E CADA CONVIDADO SEGUIU SEU DESTINO. O URUBU AGARROU A VIOLA E TOCOU-SE PARA A TERRA.

AO FAZER UMA CURVA NO CAMINHO, O SAPO SE MEXEU, O URUBU ESPIOU PARA DENTRO DO INSTRUMENTO E VIU O BICHO LÁ TODO CURVADO, FEITO UMA BOLA.

— AH, SAPO! É ASSIM QUE VOCÊ VAI À FESTA NO CÉU? DEIXE DE SER CONFIADO...

E EMBORCOU A VIOLA LÁ DO ALTO. O SAPO DESPENCOU-SE PARA BAIXO. E DIZIA NA QUEDA:

— BÉU-BÉU! SE EU DESTA ESCAPAR, NUNCA MAIS FESTA NO CÉU!

E, VENDO AS SERRAS LÁ EMBAIXO:

— ARREDA PEDRAS, SENÃO EU TE REBENTO!

BATEU EM CIMA DAS PEDRAS, DESPEDAÇANDO-SE TODO. MAS, NOSSA SENHORA, COM PENA DO SAPO, JUNTOU TODOS OS PEDAÇOS E ELE VIVEU DE NOVO.

POR ISSO O SAPO TEM O COURO TODO CHEIO DE REMENDOS.

CONTO POPULAR

SUGESTÕES PARA O ALUNO

LIVROS

BICHOS DIVERSOS, DE ARISTIDES TORRES FILHO. SÃO PAULO: SCIPIONE.

O DINOSSAURO NÃO DIZ SUA IDADE, NÃO INSISTA. A ZEBRA SÓ USA PIJAMA DE LISTRA. O BICHO-PREGUIÇA NÃO ESTÁ NEM AÍ PARA A CORRERIA DO DIA A DIA. COMPUTADOR? O ELEFANTE TEM MELHOR MEMÓRIA. O COELHO É LIVRE E DETESTA QUE PEGUEM NO PÉ DELE. E VOCÊ, QUE BICHO É?

CHAPEUZINHO VERMELHO, DE IRMÃOS GRIMM. SÃO PAULO: SCIPIONE. ADAPTAÇÃO DE SÂMIA RIOS.

A MÃE DE CHAPEUZINHO VERMELHO PEDE A ELA QUE LEVE UMA CESTA COM UM LANCHE PARA SUA AVÓ ADOENTADA. PORÉM, NO MEIO DO CAMINHO, NA FLORESTA, A MENINA ENCONTRA O TERRÍVEL LOBO MAU, QUE FARÁ DE TUDO PARA TER EM SUA BARRIGA CHAPEUZINHO E SUA AVÓ.

ERA UMA VEZ UM GATO XADREZ, DE ESTHER PROENÇA SOARES. SÃO PAULO: ESCRITURINHA.

UMA HISTÓRIA CHEIA DE AVENTURA E DIVERSÃO INSPIRADA NA FAMOSA CANTIGA SOBRE DONA CHICA, QUE ATIROU O PAU NO GATO.

HISTÓRIA CABELUDA, DE LÔ GALASSO E MARIA LÚCIA MOTT. SÃO PAULO: SCIPIONE.

VOLTA ÀS AULAS: HORA DE ARRUMAR OS CADERNOS, OS LÁPIS E... OPS! – OS CABELOS! ISSO PODE SER UM PROBLEMÃO. LAMBIDOS, EMBARAÇADOS OU ESPETADOS, QUE MEDO DE FICAR DESCABELADO! APESAR DA PREOCUPAÇÃO, NÃO É QUE NO PRIMEIRO DIA DE AULA TODO MUNDO TINHA MUDADO O VISUAL? HISTÓRIA DIVERTIDA QUE PERMITE DISCUTIR APARÊNCIA, DISCRIMINAÇÃO E HIGIENE PESSOAL.

ISSO NÃO É BRINQUEDO!, DE ILAN BRENMAN. SÃO PAULO: SCIPIONE.
PARA AS CRIANÇAS PEQUENAS, TUDO PODE SER BRINQUEDO: BALDE DE ÁGUA, COADOR, PANELAS, O SAPATO DO PAPAI, O BATOM DA MAMÃE... É CLARO QUE ELAS SABEM QUE NÃO SÃO BRINQUEDOS DE VERDADE, MAS, PARA ESSAS CRIANÇAS, O QUE REALMENTE IMPORTA É A DIVERSÃO, NÃO É?

MINI LAROUSSE DA RECICLAGEM, DE NAIARA RAGGIOTTI. SÃO PAULO: LAROUSSE JÚNIOR.
COM ESTE LIVRO, AS CRIANÇAS VÃO APRENDER QUE TAMBÉM PODEM AJUDAR NA FAXINA DO PLANETA, PRESERVANDO O MEIO AMBIENTE E OS RECURSOS NATURAIS.

O BATALHÃO DAS LETRAS, DE MARIO QUINTANA. SÃO PAULO: OBJETIVA.
O LIVRO APRESENTA O ALFABETO ENQUANTO ENSINA POESIA, ORA RESSALTANDO AS FORMAS GRÁFICAS DAS LETRAS, ORA SEUS FONEMAS. UM SINGULAR ABECEDÁRIO POÉTICO, EM QUE O AUTOR BRINCA COM AS LETRAS E AS PALAVRAS DE NOSSA LÍNGUA.

TIXA, A LAGARTIXA, DE RICARDO LEITE. RIO DE JANEIRO: NOVA FRONTEIRA.
TIXA É UMA LAGARTIXA QUE MORA NA CASA DE UM PINTOR. QUE TAL CONHECER O MUNDO COLORIDO DAS TELAS NA COMPANHIA DE TIXA?

CDs

A TURMA DO SEU LOBATO 2. VÁRIOS ARTISTAS. UNIVERSAL.

O CD TRAZ MÚSICAS PARA ANIMAR E ENSINAR ÀS NOSSAS CRIANÇAS HÁBITOS POSITIVOS DE PRESERVAÇÃO, SUSTENTABILIDADE, ALIMENTAÇÃO, EDUCAÇÃO, SOCIABILIDADE E DIVERSÃO.

CANÇÃO DE TODAS AS CRIANÇAS. TOQUINHO. UNIVERSAL.

ESTE ÁLBUM, LANÇADO EM 1987, CONFERE UM TRABALHO DE TOQUINHO ESPECIALMENTE DIRECIONADO PARA O PÚBLICO INFANTIL. CONTÉM DEZ MÚSICAS: UMA PARA CADA UM DOS ARTIGOS DA DECLARAÇÃO UNIVERSAL DOS DIREITOS DA CRIANÇA, COMO "GENTE TEM SOBRENOME", "ERRAR É HUMANO" E "CADA UM É COMO É".

DVDs

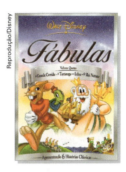

FÁBULAS DISNEY. ESTADOS UNIDOS: WALT DISNEY PRODUCTIONS.

SEIS HISTÓRIAS CLÁSSICAS, ENTRE ELAS "A GRANDE CORRIDA – A TARTARUGA E A LEBRE", UM CONTO DE CORRIDA CONTRA O TEMPO. A LEBRE MAX RECEBE UMA LIÇÃO SOBRE VELOCIDADE DA TARTARUGA TOBY.

PINÓQUIO, DE NORMAN FERGUSON. ESTADOS UNIDOS: WALT DISNEY PRODUCTIONS.

O VELHO GEPETO CONSTRÓI PINÓQUIO, UM BONECO DE MADEIRA QUE DESEJA SE TORNAR HUMANO. EM UMA NOITE ESTRELADA, UMA FADA AZUL DÁ VIDA A PINÓQUIO, COMEÇANDO ENTÃO UMA FANTÁSTICA AVENTURA.

SITES@

<HTTP://PLANETASUSTENTAVEL.ABRIL.COM.BR/PLANETINHA>
<WWW.INFOESCOLA.COM/FOLCLORE/CANTIGAS-DE-RODA/>
<WWW.DIVERTUDO.COM.BR/ADIVINHAS.HTM>
<HTTP://REVISTAESCOLA.ABRIL.COM.BR/JOGOS/>

@ ACESSO EM: 20 FEV. 2015.

Ilustrações: Juan Carlos Federico/Arquivo da editora

BIBLIOGRAFIA

ADAMS, M. J. et al. *Consciência fonológica em crianças pequenas.* Porto Alegre: Artmed, 2006.

ALMEIDA, Rosangela Doin de. *Espaço e tempo na Educação Infantil.* São Paulo: Contexto, 2014.

AYRES, Sonia Nunes. *Educação Infantil*: teorias e práticas para uma proposta pedagógica. Petrópolis: Vozes, 2012.

BRASIL. Ministério da Educação. Secretaria de Educação Fundamental. *Referencial Curricular Nacional para a Educação Infantil.* Brasília, 1998. 3 v.

BRITO, T. A. *Música na Educação Infantil.* São Paulo: Peirópolis, 2003.

CHATEAU, J. *O jogo e a criança.* São Paulo: Summus, 1987.

COLL, C.; MARTIN, E. et al. *Aprender conteúdos e desenvolver capacidades.* Tradução de Cláudia Schilling. Porto Alegre: Artmed, 2004.

CÓRIA-SABINI, Maria Aparecida. *Jogos e brincadeiras na Educação Infantil.* Campinas: Papirus, 2012.

DANTE, L. *Didática da Matemática na pré-escola.* São Paulo: Ática, 1996.

DEVRIES, R. *O currículo construtivista na Educação Infantil*: práticas e atividades. Porto Alegre: Artmed, 2003.

FABER, A.; MAZLISH, E. *Como falar para o aluno aprender.* São Paulo: Summus, 2005.

FERREIRA, S. *Imaginação e linguagem no desenho da criança.* Campinas: Papirus, 1998.

FERREIRO, E. *Reflexões sobre alfabetização.* São Paulo: Cortez, 2001.

FRIEDMANN, A. *A arte de brincar*: brincadeiras e jogos tradicionais. Petrópolis: Vozes, 2004.

_____. *Brincar*: crescer e aprender; o resgate do jogo infantil. São Paulo: Moderna, 1998.

GARDNER, H. *A criança pré-escolar*: como pensa e como a escola pode ensiná-la. Tradução de C. A. N. Soares. Porto Alegre: Artmed, 1994.

GOBBI, Maria Aparecida; PINAZZA, Mônica Appezzato (Org.). *Infância e suas linguagens.* São Paulo: Cortez, 2014.

HOFFMAN, J. *Avaliação na pré-escola*: um olhar sensível e reflexivo sobre a criança. Porto Alegre: Mediação, 1999.

JEANDOT, N. *Explorando o universo da música.* São Paulo: Scipione, 1990.

JESUS, A. C. A. de. *Como aplicar jogos e brincadeiras na Educação Infantil.* Rio de Janeiro: Brasport, 2010.

JUNQUEIRA FILHO, G. *Linguagens geradoras*: seleção e articulação de conteúdos em Educação Infantil. Porto Alegre: Mediação, 2005.

KAMII, C.; JOSEPH, L. L. *Crianças pequenas continuam reinventando a Aritmética*: implicações da teoria de Piaget. Porto Alegre: Artmed, 2005.

KANAN, Fabiana. *Brincar*: aprendizagem para a vida. Tradução de Avril Brock. Porto Alegre: Penso, 2011.

KRAEMER, M. L. *Quando brincar é aprender.* São Paulo: Loyola, 2007.

LE BOULCH, J. *Educação psicomotora*: a psicocinética na idade escolar. Tradução de Jeni Wolff. Porto Alegre: Artmed, 1987.

LUCKESI, C. C. *Avaliação da aprendizagem escolar.* São Paulo: Cortez, 2003.

MACEDO, L.; PETTY, A. L. S.; PASSOS, N. C. *Aprender com jogos e situações-problema.* Porto Alegre: Artmed, 2000.

MACHADO, M. *O brinquedo-sucata e a criança*: a importância do brincar: atividade e materiais. São Paulo: Loyola, 1995.

MAIA, J. *Literatura na formação de leitores e professores.* São Paulo: Paulinas, 2007. (Literatura & Ensino).

MELLO, Ana Maria (Org.). *O dia a dia das creches e pré-escolas*: crônicas brasileiras. Porto Alegre: Artmed, 2010.

MERCEDES, Carvalho; BAIRRAL, Marcelo Almeida (Org.). *Matemática na Educação Infantil*: investigação e possibilidades de práticas pedagógicas. Petrópolis: Vozes, 2012.

MIRANDA, N. *200 jogos infantis.* Belo Horizonte: Itatiaia, 2002.

MORAS, I. *Fantoches, bonecos articulados e cia. de papel e cartolina.* São Paulo: Paulinas, 1998.

MOYLES, J. R. et al. *A excelência do brincar.* Tradução de Maria Adriana Veronese. Porto Alegre: Artmed, 2006.

NISTA-PICCOLO, Vilma Leni. *Corpo em movimento na Educação Infantil.* São Paulo: Cortez, 2012.

NUNES, T.; BRYANT, P. *Crianças fazendo Matemática.* Porto Alegre: Artes Médicas, 1997.

OSTETTO, Luciana Esmeralda (Org.). *Encontros e encantamentos na Educação Infantil.* Campinas: Papirus, 2012.

PANIAGUA, G.; PALACIOS, J. *Educação Infantil*: resposta educativa à diversidade. Tradução de Fátima Murad. Porto Alegre: Artmed, 2007.

REAME, Eliane et al. *Matemática no dia a dia da Educação Infantil*: rodas, cantos, brincadeiras e histórias. São Paulo: Saraiva, 2013.

SANTOS, J. G. W.; ALVES, J. M. *O jogo de dominó com contexto interativo para construção de conhecimentos pré-escolares.* Porto Alegre: Scielo, 2000.

SANTOS, S. M. P. dos (Org.). *Brinquedoteca*: o lúdico em diferentes contextos. São Paulo: Vozes, 1997.

SCHILLER, P.; ROSSANO, J. *Ensinar e aprender brincando.* Porto Alegre: Artmed, 2007.

SMOLE, K. S. *A Matemática na Educação Infantil*: a teoria das inteligências múltiplas na prática escolar. Porto Alegre: Artmed, 2000.

SMOLE, K. S.; DINIZ, M. L.; CÂNDIDO, P. *Figuras e formas.* Porto Alegre: Artmed, 2003. v. 3. (Matemática de 0 a 6).

_____. *Brincadeiras infantis nas aulas de Matemática.* Porto Alegre: Artmed, 2000. (Matemática de 0 a 6).

_____. *Construção da inteligência pela criança.* São Paulo: Scipione, 2002.

WARNER, P. *Aprender brincando.* Tradução de Dinah Abres Azevedo. São Paulo: Ground, 2005.

ZORZI, J. L. *Aprender a escrever*: a apropriação do sistema ortográfico. Porto Alegre: Artmed, 1998.